# BEI GRIN MACHT SICH IHR WISSEN BEZAHLT

AF145631

- Wir veröffentlichen Ihre Hausarbeit, Bachelor- und Masterarbeit

- Ihr eigenes eBook und Buch - weltweit in allen wichtigen Shops

- Verdienen Sie an jedem Verkauf

## Jetzt bei www.GRIN.com hochladen und kostenlos publizieren

**Bibliografische Information der Deutschen Nationalbibliothek:**

Die Deutsche Bibliothek verzeichnet diese Publikation in der Deutschen National-
bibliografie; detaillierte bibliografische Daten sind im Internet über http://dnb.d-
nb.de/ abrufbar.

**Impressum:**

Copyright © 2017 GRIN Verlag
Druck und Bindung: Books on Demand GmbH, Norderstedt Germany
ISBN: 9783668585768

**Dieses Buch bei GRIN:**

https://www.grin.com/document/382044

**Maria Stahl**

# Beweglichkeits- und Koordinationstraining für gestress-te Studenten

GRIN Verlag

**GRIN - Your knowledge has value**

Der GRIN Verlag publiziert seit 1998 wissenschaftliche Arbeiten von Studenten, Hochschullehrern und anderen Akademikern als eBook und gedrucktes Buch. Die Verlagswebsite www.grin.com ist die ideale Plattform zur Veröffentlichung von Hausarbeiten, Abschlussarbeiten, wissenschaftlichen Aufsätzen, Dissertationen und Fachbüchern.

**Besuchen Sie uns im Internet:**

http://www.grin.com/

http://www.facebook.com/grincom

http://www.twitter.com/grin_com

Deutsche Hochschule für

Prävention und Gesundheitsmanagement

Hermann Neuberger Sportschule 3

66123 Saarbrücken


# Einsendeaufgabe

| | |
|---|---|
| **Fachmodul**: | Trainingslehre III |
| **Studiengang**: | Bachelor Gesundheitsmanagement |
| **Datum** **Präsenzphase** | **25.09. -27.09.2017** |
| **Name, Vorname**: | Stahl, Maria |
| **Studienort:** | **Frankfurt am Main** |
| **Semester:** | **WS 2015** |

# Inhaltsverzeichnis

# 1 Personendaten

Tab. 1: Allgemeine und biometrische Daten der Testperson (eigene Darstellung).

| Alter | 21 |
|---|---|
| Geschlecht | Weiblich |
| Körpergröße | 1,62 Meter |
| Körpergewicht | 50 Kilogramm |
| Trainingsmotive | Stressabbau, beweglich bleiben |
| Berufliche Tätigkeit | Studentin |
| Frühere sportliche Aktivitäten | 2003 – 2013 reiten (1-2 mal in der Woche) |
| Aktuelle sportliche Aktivitäten | Seit 2013 Krafttraining (2-3 mal in der Woche) mit systemischer Trainingsplanung, 1 mal pro Woche Intervall Ausdauertraining 60 Minuten auf dem Laufband. |
| Zeitlicher Verfügungsrahmen | 3-4 mal pro Woche je 2 Stunden |
| Körperfettanteil | 17,50% |
| Muskelmasseanteil | 39,5 % |
| Allgemeiner Gesundheitszustand | Es besteht eine gute allgemeine Fitness und die Testperson hat keine auffälligen Beschwerden. |
| Sonstige gesundheitliche Einschränkungen | Keine Einschränkungen vorhanden. |

Eine Eingangsuntersuchung bei einem Sportarzt fand vor dem Eingangsgespräch statt. Aus dieser Untersuchung geht hervor, dass die Kundin keine orthopädischen, sowie internistischen Probleme aufweist. Außerdem werden keine Medikamente eingenommen. Somit lässt sich keine Einschränkungen im Hinblick auf die Trainingsplanung schließen.

# 2 Beweglichkeitstestung

Zur Beurteilung der Beweglichkeit der Probandin wird im Folgenden ein manueller Beweglichkeitstest mit fünf Muskelgruppen in Anlehnung an die Muskelfunktionsprüfung nach Janda (2000) durchgeführt.

Tab. 2: 1. Testübung: Beweglichkeit der Brustmuskulatur (M. pectoralis major) (eigene Darstellung).

| Testdurchführung | Die Testperson befindet sich in Rückenlage auf einer Behandlungsliege. Beide Beine sind angewinkelt und fixieren das Becken, die Füße bleiben in Kontakt mit der Auflage. Um den Thorax zu fixieren, wird ein leichter Zug auf diesen ausgeübt. Der Zug erfolgt dabei mit der Hand oder dem Unterarm, diagonal |
|---|---|

| | von der zu testenden Seite weg. Das Ellenbogengelenk des Testarmes befindet sich in einem gebeugten Winkel von 90°, außerdem ist er im Schultergelenk sowohl nach außenrotiert, als auch abduziert. Das Becken und die Lendenwirbelsäule bleiben permanent fixiert. Gemessen wird die Position des Oberarms im Verhältnis zur Horizontalen. |
|---|---|
| Richt- und Normwerte | Stufe 0 = Keine Beweglichkeitsdefizite; Oberarm erreicht die Horizontale; durch leichten Druck des Testers kann der Oberarm unter die Horizontale bewegt werden.

Stufe 1 = Leichte Beweglichkeitsdefizite; Oberarm erreicht die Horizontale nicht; durch leichten Druck des Testers kann der Oberarm bis zur Horizontalen bewegt werden.

Stufe 2 = Deutliche Beweglichkeitsdefizite; Oberarm erreicht Horizontale auch durch Druck des Testers nicht. |
| Testergebnis | Beide Oberarme der Probandin erreichen die Horizontale problemlos und lassen sich durch leichten Druck sogar in eine tiefere Position bringen. |
| Bewertung & Interpretation | Die Probandin erreicht die Stufe 0. Sie hat im Bereich der Brustmuskulatur keine Beweglichkeitsdefizite. |

Tab. 3: 2. Testübung: Beweglichkeit der Hüftbeugemuskulatur (M. Iliopsoas) (eigene Darstellung).

| | |
|---|---|
| Testdurchführung | Die Testperson befindet sich in der Rückenlage auf einer Behandlungsliege. Das Gesäß befindet sich am unteren Rand der Liege und die Beine hängen runter. Ein Bein wird angewinkelt und vom Probanden maximal zur Brust herangezogen. Das zweite Bein hängt weiterhin von der Liege runter. Im Fokus steht nun die Flexion der Hüfte des freien Beines. Das Becken und die Lendenwirbelsäule bleiben permanent fixiert. Gemessen wird die Position des Oberschenkels des freien Beines im Verhältnis zur Körperlängsachse, also der Hüftbeugewinkel. |
| Richt- und Normwerte | Stufe 0 = Keine Beweglichkeitsdefizite; Oberschenkel erreicht Horizontale; durch leichten Druck des Testers kann der Oberschenkel unter die Horizontale bewegt werden.

Stufe 1 = Leichte Beweglichkeitsdefizite; leichte Hüftbeugestellung; durch leichten Druck des Testers kann der Oberschenkel bis zur Horizontalen bewegt werden.

Stufe 2 = Deutliche Beweglichkeitsdefizite; Oberschenkel erreicht Horizontale auch durch Druck des Testers nicht. |
| Testergebnis | Sowohl der linke, als auch der rechte Oberschenkel erreichen die Horizontale mühelos. Durch leichten Druck konnten diese zusätzlich weiter abgesenkt werden. |
| Bewertung & Interpretation | Die Probandin erreicht Stufe 0 und ist somit voll beweglich im Hüftbeuger. |

Tab. 4: 3. Testübung: Beweglichkeit der Kniestreckmuskulatur (M. rectus femoris) (eigene Darstellung).

| | |
|---|---|
| Testdurchführung | Die Testperson befindet sich in Rückenlage auf einer Behandlungsliege. Beide Beine hängen am unteren Rand der Liege herunter, wobei das Gesäß mit dem Rand der Liege abschließt. Ein Bein wird angewinkelt und maximal weit zur Brust herangezogen. Der Tester bringt nun das andere Bein in einen maximal |

| | |
|---|---|
| | erreichbaren Kniebeugewinkel. Becken und Lendenwirbelsäule sind während der Messung fixiert. Gemessen wird der Winkel zwischen Unter- und Oberschenkel. |
| Richt- und Normwerte | Stufe 0 = Keine Beweglichkeitsdefizite; Unterschenkel hängt senkrecht herab; durch leichten Druck des Testers ist es möglich die Kniebeugung zu vergrößern. |
| | Stufe 1 = Leichte Beweglichkeitsdefizite; Unterschenkel ist leicht nach vorne gestreckt; durch leichten Druck des Testers ist es möglich einen 90° Kniebeugewinkel zu erreichen. |
| | Stufe 2 = Deutliche Beweglichkeitsdefizite; Unterschenkel ist deutlich nach vorne gestreckt; auch durch Druck des Testers wird ein 90° Kniebeugewinkel nicht erreicht. |
| Testergebnis | Beide Unterschenkel befinden sich in einem 90°-Kniebeugewinkel. Zudem konnte durch zusätzlichen Druck die Kniebeugung auf beiden Körperseiten vergrößert werden. |
| Bewertung & Interpretation | Die Probandin erreicht die Stufe 0 und ist somit voll beweglich in der Kniestreckmuskulatur. |

Tab. 5: 4. Testübung: Beweglichkeit der Kniebeugemuskulatur (M. Ischiocrurales) (eigene Darstellung).

| | |
|---|---|
| Testdurchführung | Die Testperson befindet sich in der Rückenlage auf der Behandlungsliege. Das Testbein wird bei gestrecktem Kniegelenk durch den Tester in eine maximal mögliche Hüftflexion gebracht, ohne dabei Druck auf die Kniescheibe auszuüben. Das andere Bein wird angewinkelt aufgestellt (Flexion im Hüft- und Kniegelenk). Das Becken und die Lendenwirbelsäule bleiben permanent fixiert. Des Weiteren muss das zu testende Bein permanent gestreckt, sowie das Gegenbein gebeugt bleiben. Gemessen wird nun der Hüftbeugewinkel. |
| Richt- und Normwerte | Stufe 0 = Keine Beweglichkeitsdefizite; die Flexion im Hüftgelenk ist im Ausmaß von 90° möglich. |
| | Stufe 1 = Leichte Beweglichkeitsdefizite; die Flexion im Hüftgelenk ist zwischen 80-90° möglich. |
| | Stufe 2 = Deutliche Beweglichkeitsdefizite; die Flexion im Hüftgelenk ist nur unter 80° möglich. |
| Testergebnis | Eine Flexion im Hüftgelenk von über 90° konnte sowohl mit dem linken, als auch mit dem rechten Bein ohne Probleme erreicht werden. |
| Bewertung & Interpretation | Die Probandin erreicht auch hier die Stufe 0 und hat somit eine volle Beweglichkeit in der Kniebeugemuskulatur. |

Tab. 6: 5. Testübung: Beweglichkeit der Wadenmuskulatur (M. triceps surae) (eigene Darstellung).

| | |
|---|---|
| Testdurchführung | Die Testperson befindet sich auf einer Behandlungsliege in der Rückenlage. Das Testbein wird gestreckt, das andere wird gebeugt und mit dem Fuß auf die Liege gestellt. Während das Testbein gestreckt ist, ragt die distale Hälfte des Unterschenkels über den Rand der Liege hinaus. Nun wird das Bein distal am Fersenbein gegriffen. Mit der anderen Hand wird der Fuß an der Außenkante gepackt. Der Daumen drückt den Vorfuß zum Schienbein. Um eine maximale Dorsalextension zu erreichen, wird der Druck leicht und achsengerecht ausgeübt. |

| | Mit der zweiten Hand wird ein distalwärts geneigter Zug an der Ferse ausgeübt. Der Druck mit dem Daumen erfolgt am äußeren Fußrand. Gemessen wird der Grad der Dorsalextension und das Erreichen der 0°-Stellung. |
|---|---|
| Richt- und Normwerte | Stufe 0 = Keine Beweglichkeitsdefizite; eine Dorsalextension ist mindestens bis zur 0°-Stellung möglich. |
| | Stufe 1 = Leichte Beweglichkeitsdefizite; die 0°-Stellung wird nicht erreicht; eine Dorsalextension ist aber möglich. |
| | Stufe 2 = Deutliche Beweglichkeitsdefizite; eine Dorsalextension ist nur bis 10° unterhalb der 0°-Stellung möglich. |
| Testergebnis | Die 0°-Stellung der Dorsalextension wird sowohl mit dem rechten, als auch mit dem linken Wadenmuskel erreicht. |
| Bewertung & Interpretation | Die Probandin erreicht die Stufe 0 und die Beweglichkeit der Wadenmuskulatur ist somit nicht ein geschränkt. |

# 3 Trainingsplanung Beweglichkeitstraining

Tab. 7: Dehnung der Arm- und Schultermuskulatur mit gestrecktem Arm (eigene Darstellung).

| Name der Übung | Dehnung der Arm- und Schultermuskulatur mit gestrecktem Arm |
|---|---|
| Übungsausführung | Zuerst wird eine aufrechte Standposition eingenommen. Anschließend wird ein Arm quer vor den Oberkörper bewegt und waagrecht gehalten. Nun wird der Ellenbogen mithilfe des anderen Arms in Richtung der gegenüberliegenden Schulter gezogen. Diese Position wird nun gehalten, danach erfolgt ein Seitenwechsel (Walker, 2012, S. 47). |
| Primäre Muskulatur | „Trapezmuskel (M. Trapecius), großer und kleiner Rautenmuskel (M. Rhomboideus minor, M. Rhomboideus major), breiter Rückenmuskel (M. Latissimus), hinterer Deltamuskel (M. Deltoideus posterior)" (Walker, 2012, S. 47). |
| Sekundäre Muskulatur | „Obergrätenmuskel (M. Supraspinatus), Untergrätenmuskel (M. Infraspinatus), kleiner und großer Rundmuskel (M. Teres minor, M. Teres major)" (Walker, 2012, S. 47). |
| Dehnmethode | Dehnform: passiv<br>Arbeisweise: statisch |
| Häufigkeit pro Woche | Nach jedem Krafttraining |
| Sätze pro Trainingseinheit | 4 |
| Wiederholungen pro Satz/Dauer | 20 Sekunden halten |
| Intensität | submaximal |

Tab. 8: Dehnung der Brustmuskulatur über Kopf (eigene Darstellung).

| Name der Übung | Dehnung der Brustmuskulatur über Kopf |
|---|---|
| Übungsausführung | Zuerst wird eine aufrechte Standposition eingenommen. Anschließend werden die Finger ineinander verschränkt, die Arme gebeugt und die Hände mit den Handflächen nach oben über den Kopf geführt. Nun werden die Ellenbogen und Hände nach hinten gezogen (Walker, 2012, S. 53). |
| Primäre Muskulatur | „großer und kleiner Brustmuskel (M. Pectoralis major, M. Pectoralis minor), vorderer Deltamuskel (M. Deltoideus anterior)" (Walker, 2012, S. 53). |
| Sekundäre Muskulatur | „vorderer Sägezahnmuskel (Serratus anterior)" Walker, 2012, S. 53). |
| Dehnmethode | Dehnform: passiv<br>Arbeitsweise: dynamisch |
| Häufigkeit pro Woche | Nach jedem Krafttraining |
| Sätze pro Trainingseinheit | 4 |
| Wiederholungen pro Satz/Dauer | 15 Wiederholungen |
| Intensität | submaximal |

Tab. 9: Trizepsdehnung (eigene Darstellung).

| Name der Übung | Trizepsdehnung |
|---|---|
| Übungsausführung | Eine Hand wird zum Nacken geführt, sodass der jeweilige Ellenbogen Richtung Decke zeigt. Der Ellenbogen wird mit der anderen Hand anschließend nach unten Richtung Boden gezogen. Diese Bewegung wird nun im Wechsel langsam gelöst und wieder angezogen, sodass dabei eine dynamische Dehnung entsteht. Der Zug sollte dabei die submaximal mögliche Intensität haben (Walker, 2012, S. 59). |
| Primäre Muskulatur | „Trizeps (M. Triceps brachialis)" (Walker, 2012, S. 59). |
| Sekundäre Muskulatur | „breitester Rückenmuskel (M. Latissimus dorsi), kleiner und großer Rundmuskel (M. Teres minor, M. Teres major)" (Walker, 2012, S. 59). |

| Dehnmethode | Dehnform: passiv<br>Arbeisweise: dynamisch |
|---|---|
| Häufigkeit pro Woche | Nach jedem Krafttraining |
| Sätze pro Trainingseinheit | 4 |
| Wiederholungen pro Satz/Dauer | 15 Wiederholungen |
| Intensität | submaximal |

Tab. 10: Dehnung der Bauchmuskulatur mit gestreckten Armen (eigene Darstellung).

| Name der Übung | Dehnung der Bauchmuskulatur mit gestreckten Armen |
|---|---|
| Übungsausführung | Zunächst wird eine Bauchlage eingenommen und die Hände werden in Schulterhöhe aufgestellt. Der Blick richtet sich gerade nach vorne. Anschließend wird der Oberkörper auf den Händen nach oben geführt. Die Hüfte bleibt auf dem Boden fixiert. Die Position wird nun gehalten (Walker, 2012, S. 71).<br> |
| Primäre Muskulatur | „äußerer und innerer Intercostalmuskel (M. Externus und Internus intercostalis), äußerer und innerer schräger Bauchmuskel (M. Externus und Internus obliquus abdominis), quer verlaufender Bauchmuskel (Musculus Transversus abdominis), gerader Bauchmuskel (M. Rectus abdominis)" (Walker, 2012, S. 71). |
| Sekundäre Muskulatur | „großer und kleiner Lendenmuskel (Psoas major, Psoas minor), Darmbeinmuskel (Iliacus)" (Walker, 2012, S. 71), |
| Dehnmethode | Dehnform: passiv<br>Arbeisweise: statisch |
| Häufigkeit pro Woche | Nach jedem Krafttraining |
| Sätze pro Trainingseinheit | 4 |
| Wiederholungen pro Satz/Dauer | 20 Sekunden halten |
| Intensität | submaximal |

Tab. 11: Dehnung der Rückenmuskulatur im Fersensitz (eigene Darstellung).

| Name der Übung | Dehnung der Rückenmuskulatur im Fersensitz |
|---|---|
| Übungsausführung | Zunächst wird eine Sitzposition auf den Knien eingenommen. Das Gesäß wird auf den Fersen abgelegt. Die Arme werden lang gestreckt nach vorne ausgebreitet und der Kopf und Rumpf neigt sich nach vorne auf den Boden (Walker, 2012, S. 85).<br> |

| Primäre Muskulatur | „breitester Rückenmuskel (Latissimus dorsi)" (Walker, 2012, S.85). |
|---|---|
| Sekundäre Muskulatur | „großer Rundmuskel (Teres major), vorderer Sägezahnmuskel (Serratus anterior)" (Walker, 2012, S.85). |
| Dehnmethode | Dehnform: aktiv<br>Arbeisweise: statisch |
| Häufigkeit pro Woche | Nach jedem Krafttraining |
| Sätze pro Trainingseinheit | 4 |
| Wiederholungen pro Satz/Dauer | 20 Sekunden halten |
| Intensität | submaximal |

Tab. 12: Dehnung der Gesäßmuskulatur im Liegen mit angezogenem Bein (eigene Darstellung).

| Name der Übung | Dehnung der Gesäßmuskulatur im Liegen mit angezogenem Bein |
|---|---|
| Übungsausführung | Zunächst wird die Rückenlage eingenommen. Anschließend wird mit beiden Händen eine Kniescheibe umgriffen und zur Brust herangezogen. Das andere Bein bleibt ausgestreckt auf dem Boden. Rücken, Kopf und Hals haben permanenten Bodenkontakt (Walker, 2012, S. 83).<br> |
| Primäre Muskulatur | „äußerer und innerer Intercostalmuskel (M. Externus und Internus intercostalis), äußerer und innerer schräger Bauchmuskel (M. Externus und Internus obliquus abdominis), quer verlaufender Bauchmuskel (M. Transversus abdominis), gerader Bauchmuskel (M. Rectus abdominis)" (Walker, 2012, S. 83). |
| Sekundäre Muskulatur | „großer und kleiner Brustmuskel (M. Pectoralis major, M. Pectoralis minor)" (Walker, 2012, S. 83). |
| Dehnmethode | Dehnform: passiv<br>Arbeisweise: statisch |
| Häufigkeit pro Woche | Nach jedem Krafttraining |
| Sätze pro Trainingseinheit | 4 |
| Wiederholungen pro Satz/Dauer | 20 Sekunden halten |
| Intensität | submaximal |

Tab. 13: Dehnung der Beinmuskulatur in Rückenlage mit gestrecktem Bein (eigene Darstellung).

| Name der Übung | Dehnung in Rückenlage mit gestrecktem Bein |
|---|---|
| Übungsausführung | Zunächst wird die Rückenlage eingenommen. Ein Bein wird nach oben in Richtung Decke gestreckt, die Hände greifen unter den Oberschenkel, das andere Bein liegt flach auf dem Boden auf. Die Füße sind geflext. Das herangezogene Bein wird maximal gegen den Widerstand der Hände für zehn Sekunden in Richtung Boden gespannt. |

Nach diesen zehn Sekunden kommt die Entspannungs-
phase von drei Sekunden. In dieser Phase wird die Span-
nung gelöst und die Muskulatur ist in einem lockeren Zustand. Anschließend wird das Bein wieder in die jetzt er-
reichbare Dehnstellung geführt und für 20 Sekunden gehalten. Diese postisometrische Dehnung sollte zweimal
pro Bein erfolgen (Walker, 2012, S. 132).

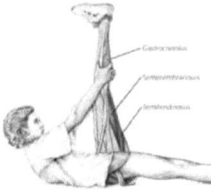

| Primäre Muskulatur | „halbmembranöser Muskel (M. Semimembranosus), Halb-sehnenmuskel (M. Semitendinosus), zweiköpfiger Ober-schenkelmuskel (M. Biceps femoris)" (Walker, 2012, S. 132). |
|---|---|
| Sekundäre Muskulatur | „zweiköpfiger Wadenmuskel (Musculus Gastrocnemius)" (Walker, 2012, S. 132). |
| Dehnmethode | Postisometrisch |
| Häufigkeit pro Woche | Nach jedem Krafttraining |
| Sätze pro Trainingseinheit | 4 |
| Wiederholungen pro Satz/Dauer | 2 Durchgänge in ca. 60 Sekunden |
| Intensität | submaximal |

Tab. 14: Quadrizeps-Dehnung im Knien (eigene Darstellung).

| Name der Übung | Quadrizeps-Dehnung im Knien |
|---|---|
| Übungsausführung | Zunächst wird eine kniende Position eingenommen. Ein Bein wird aufgestellt. Nun wird das Becken nach vorne ge-schoben, bis eine submaximale Dehnung erreicht wird. Die Dehnung wird nun wieder locker gelassen (das Becken wird zurückgeschoben) und der Vorgang wird wiederholt (Walker, 2012, S. 119). |
| Primäre Muskulatur | „Darmbeinmuskel (M. Iliacus), großer Lendenmuskel (M. Psoas major), gerader Muskel des Oberschenkels (M. Rectus femoris)" (Walker, 2012, S. 119). |
| Sekundäre Muskulatur | „kleiner Lendenmuskel (Musculus Psoas minor)" (Walker, 2012, S. 119). |

| Dehnmethode | Dehnform: aktiv Arbeisweise: dynamisch |
|---|---|
| Häufigkeit pro Woche | Nach jedem Krafttraining |
| Sätze pro Trainingseinheit | 4 |
| Wiederholungen pro Satz/Dauer | 15 Wiederholungen |
| Intensität | submaximal |

Tab. 15: Dehnung der Adduktoren im Spreizsitz (eigene Darstellung).

| Name der Übung | Dehnung der Adduktoren im Spreizsitz |
|---|---|
| Übungsausführung | Zunächst wird eine aufrechte Sitzposition mit gestreckten und weit gespreizten Beinen eingenommen. Die Beine werden maximal weit gespreizt und der Oberkörper wird mit geradem Rücken bis zur submaximalen Dehnung nach vorne gelehnt und wieder gelöst. Dieser Vorgang wird nun wiederholt (Walker, 2012, S. 144). |
| Primäre Muskulatur | „langer, kurzer und großer Adduktor (M. Adductor longus, brevis und magnus)" (Walker, 2012, S. 144). |
| Sekundäre Muskulatur | „schlanker Muskel (M. Gracilis), Kammmuskel (M. Pectineus), halbmembranöser Muskel (M. Semimembranosus), Halbsehnenmuskel (M. Semitendinosus)" (Walker, 2012, S. 144). |
| Dehnmethode | Dehnform: aktiv Arbeisweise: dynamisch |
| Häufigkeit pro Woche | Nach jedem Krafttraining |
| Sätze pro Trainingseinheit | 4 |
| Wiederholungen pro Satz/Dauer | 15 Wiederholungen |
| Intensität | submaximal |

Tab. 16: Dehnung der Wadenmuskulatur im Ausfallschritt (eigene Darstellung).

| Name der Übung | Dehnung der Wadenmuskulatur im Ausfallschritt |
|---|---|
| Übungsausführung | Zunächst wird ein großer Ausfallschritt nach hinten gemacht. Das hintere Bein bleibt während des gesamten Vorgangs gestreckt und die Ferse wird gegen den Boden geschoben und der Fuß zeigt gerade nach vorne (Walker, 2012, S. 155). |

| Primäre Muskulatur | „zweiköpfiger Wadenmuskel (M. Gastrocnemius)" (Walker, 2012, S. 155). |
|---|---|
| Sekundäre Muskulatur | „hinterer Schienbeinmuskel (M. Tibialis posterior), langer Großzehenbeuger (M. Flexor hallucis longus), langer Zehenbeuger (M. Flexor digitorum longus), langer und kurzer Wadenbeinmuskel (M. Peroneus longus und brevis), Fußsohlenmuskel (M. Plantaris)" (Walker, 2012, S. 155). |
| Dehnmethode | Dehnform: passiv<br>Arbeisweise: statisch |
| Häufigkeit pro Woche | Nach jedem Krafttraining |
| Sätze pro Trainingseinheit | 4 |
| Wiederholungen pro Satz/Dauer | 20 Sekunden halten |
| Intensität | submaximal |

## 3.1 Begründung zum Beweglichkeitstraining

Das Ziel des Dehnprogramms soll der Erhalt der Beweglichkeit sein, da die Testperson keine Beweglichkeitsdefizite in dem Beweglichkeitstest nach Janda (2000) aufweist.

Bei der Übungsauswahl wurden abwechslungsreiche Übungen gewählt, wobei die meisten Übungen mehrere Muskeln dehnen. Das hat den Grund, dass die Testperson keine speziellen Defizite aufweist, sodass kein Fokus auf eine spezielle Muskelpartie gelegt werden muss. Um jedoch eine allgemeine Beweglichkeit in allen Körperteilen zu gewährleisten, wurde das Training so aufgebaut, dass jede der Muskelgruppen mindestens einmal gedehnt wird. Das Dehnprogramm beginnt mit den oberen Extremitäten und geht zu den unteren Extremitäten über.

Bei den Dehnmethoden wurde versucht jede Dehnform (aktiv oder passiv) mit den Arbeitsweisen (statisch oder dynamisch) zu kombinieren, sowie eine postisometrische Dehnform zu integrieren. Um den möglichst größten Erfolg bei dem Erhalt der Beweglichkeit zu erzielen, wurden die Dehnmethoden möglichst breitgefächert kombiniert. Dies sorgt für ein abwechslungsreiches Dehnprogramm.

Der zeitliche Verfügungsrahmen der Probandin lässt drei bis vier Trainingseinheiten pro Woche zu. Im Anschluss an das gewohnte Kraft- und Ausdauertraining (etwa 30 Minuten später) soll das Dehnprogramm durchgeführt werden. Das Dehnprogramm fällt somit in den Bereich des Nachdehnens beziehungsweise des Dehnens im Rahmen des Abwärmprogramms nach sportlichen Belastungen. Bewusst wurde die Wahl auf ein Nach- und nicht Vordehnen gelegt, da beim Vordehnen die Gefahr zu hoch ist, dass der Muskel in der Leistungsfähigkeit negativ beeinflusst wird (Froböse, 2017). Damit möglichst optimale Trainingsziele erreicht werden können, ist die Häufigkeit von drei bis vier mal pro Woche optimal.

Des Weiteren wird eine Satzzahl von vier Sätzen pro Übung vorgegeben. Es sollte also jede der zehn Dehnübungen viermal in vollem Umfang wiederholt werden. Dies wird damit begründet, dass die Probandin bereits ein hohes Niveau in der Beweglichkeit besitzt und eine Unterforderung vermieden werden soll. Eine höhere Satzzahl wäre außerdem nicht notwendig.

Bei den statischen Übungen wird eine Dehndauer von 20 Sekunden vorgegeben und bei den dynamischen Dehnübungen werden 15 Wiederholungen als Ziel vorgegeben. Bei beiden Dehnformen kommt die Probandin bei der Ausführung auf die ungefähr gleiche Belastungsdauer. Eine Dehndauer bis zu 45 Sekunden wären möglich, jedoch sind 20 Sekunden bei einer Satzzahl von vier Sätzen ausreichend. Somit befindet sich die Probandin in einer moderaten Belastungsdauer beziehungsweise eine moderaten Wiederholungszahl.

Bei der Dehnintensität wird bei allen Dehnübungen die submaximale Dehnintensität vorgegeben, welche eine mittlere Intensität ist. Bewusst wurde diese Intensität gewählt, da diese gut über viele Sekunden gehalten werden kann (Sampel, K., Stolz, V., & Zisch, B., 2007, S. 26).

# 4 Trainingsplanung Koordinationstraining

Tab. 17: Belastungsgefüge (eigene Darstellung).

| Trainingshäufigkeit pro Woche | Drei Einheiten pro Woche |
|---|---|
| Sätze pro Übung | 3 |
| Satzpausen | 30 Sekunden |
| Belastungsdauer | 30 Sekunden |

Tab. 18: Übungsreihe Koordinationstraining (eigene Darstellung).

| | Übung | Durchführung |
|---|---|---|
| 1 | Einbeinstand mit Partner | Zunächst wird eine Einbeinstand Position gegenüber des Partners eingenommen. Das freie Standbein drückt gegen das diagonal freie Standbein des Partners. Das Gleichgewicht soll 30 Sekunden gehalten werden. |
| 2 | Gleichgewichtsverlagerung auf dem Fitball | Zunächst wird die Rückenlage auf dem Fitball eingenommen. Die Hände werden unter den Kopf zur Unterstützung des Nackens abgelegt und die Augen werden geschlossen. Nun wird das Körpergewicht in unterschiedliche Richtungen für 30 Sekunden verlagert. Das Ziel besteht darin, die stabile Körperposition zu halten. |
| 3 | Einbeinstand mit Ballrollen um den Rumpf | Zunächst wird eine Einbeinstand Position eingenommen. Anschließend wird ein Ball für 30 Sekunden um den gesamten Rumpf herumgeführt. Nach 15 Sekunden findet ein Richtungswechsel statt. |
| 4 | Stütz auf dem Fitball | Zunächst werden beide Beine/ Unterschenkel auf den Fitball platziert. Die Arme befinden sich in einer Linie mit den Schultern und nun wird die Stützposition für 30 Sekunden gehalten. |
| 5 | Vorgebeugter Stand mit Flexi-Bar® | Zunächst wird ein etwa hüftbreiter Stand mit leicht angewinkelten Beinen eingenommen. Anschließend werden die ausgestreckten Arme mit der Flexi-Bar® über den Kopf genommen. In dieser Position wird das beidhändige Schwingen für 30 Sekunden durchgeführt. |
| 6 | Kniebeuge auf dem Therapiekreisel | Zunächst wird eine aufrechte Position im Zweibeinstand auf dem Therapiekreisel eingenommen. Anschließend wird eine Kniebeuge mit gestreckten Armen über dem Kopf durchgeführt und für 30 Sekunden gehalten. |
| 7 | Seitstütz mit Beinanheben auf dem Bosu® | Zunächst wird ein Seitstütz Position auf dem Bosu® eingenommen. Anschließend wird das obere Bein gerade nach oben angehoben und für 30 Sekunden gehalten. |

| 8 | Ausfallschritt auf dem Bosu® | | Zunächst wird ein Fuß auf dem umgedrehten Bosu® aufgestellt. Anschließend wird das hintere Bein in den Ausfallschritt geführt und der Oberkörper bleibt dabei aufrecht. Diese Position wird für 30 Sekunden gehalten. |
| 9 | Einbeinstand mit Thera-Band® | | Zunächst wird ein Einbeinstand auf dem Therapiekreisel eingenommen. Anschließend wird ein Thera-Band® um die Kniekehle gespannt und ein leichter Zug von dem Partner wird ausgeübt. Die Position wird für 30 Sekunden gehalten. |
| 10 | Einbeinstand auf dem Therapiekreisel mit Ball | | Zunächst wird ein Einbeinstand auf dem Therapiekreisel eingenommen. Anschließend wird ein Ball nach oben geworfen und gefangen. Dies wird für 30 Sekunden durchgeführt. |

## 4.1 Begründung zum Koordinationstraining

Das zuvor dargestellte Koordinationstraining stellt ein eher fortgeschrittenes Programm dar. Da die Probandin in dem Beweglichkeitstest keine Defizite aufweist und eine gute allgemeine körperliche Fitness besitzt, wurde bei dem Koordinationstraining kein spezieller Fokus auf eine Muskelgruppe gelegt. Im Vordergrund steht die Verbesserung und der Erhalt des Gleichgewichts.

Die ausgewählte Übungsreihe orientiert sich an dem methodisch-didaktischen Prinzip „von leichten zu schwierigen Bewegungsaufgaben". Dies bedeutet, dass die erste Übung relativ einfach beginnt und die letzte Übung mit dem höchsten Schwierigkeitsgrad endet. Somit werden erste Erfolgserlebnisse schnell wahrgenommen (Chwilkowski, 2006, S. 56 f.).

Des weiteren wurde eine Vielzahl an Störfaktoren in den Trainingsplan mit eingebaut, um ein ausgewogenes und abwechslungsreiches Koordinationstraining zu garantieren.

Der zeitliche Verfügungsrahmen der Probandin lässt drei bis vier Trainingseinheiten pro Woche zu. Daher sollte das Koordinationstraining drei mal pro Woche vor dem angestrebten Krafttraining absolviert werden, um das Trainingsziel optimal zu erreichen. Das Koordinationstraining soll vor der angestrebten Krafttrainingseinheit absolviert werden, welches den Hintergrund hat, dass ein Koordinationstraining nur in vollkommen ausgeruhtem Zustand durchführt werden soll. Des weiteren werden drei Sätze pro Übung mit jeweils 30 Sekunden Belastung und 30 Sekunden Belastungspause vorgesehen. Sollte die Probandin die jeweilige Übung für 30 Sekunden nicht korrekt absolvieren oder eine Ermüdung auftreten, wird die Übung abgebrochen (Häfelinger & Schuba, 2007, S. 61).

# 5 Literaturrecherche

Tab. 19: Effekte des Dehnens auf die Bewegungsreichweite bzw. auf die Dehnungsspannung – Studie 1

| Titel | Wie beeinflussen unterschiedliche Dehnintensitäten kurzfristig die Veränderung der Bewegungsreichweite. |
|---|---|
| Autor(en) der Studie | Marschall F. |
| Jahr | 1999 |
| Versuchspersonen | 21 Versuchspersonen, davon 9 Frauen und 12 Männer im Alter von 24,8 ± 3,4 Jahren, einer Körpergröße von 172,9 ± 8,5 Zentimeter, sowie einem Körpergewicht von 66,6 ± 11 Kilogramm (Marschall, 1999, S. 7). |
| Versuchsaufbau | Die Probanden durchliefen einen Eingewöhnungstest zur Erfassung der maximalen Dehnung und wurden anschließend in zwei Gruppen „Weiches Dehnen" und „Maximales Dehnen" eingeteilt. Die maximale Dehnung wurde durch die Erwärmung der ischiocruralen Muskulatur durch ein Fahrradergometer mit 1,5 Watt/kg Körpergewicht sowie einer anschließenden standardisierten Kniegelenkbeugung ermittelt. Der Test wird auf einem Messtisch durchgeführt, wobei die ischiocrurale Muskulatur über eine elektronische Steuerung mit einer konstanten Geschwindigkeit von 1,5°/s herangeführt wird. Die Dehnposition wurde etwa 2 Sekunden gehalten und unmittelbar nach dem erreichen der zuvor bestimmten Grenze „ Weiches Dehnen", oder „Maximales Dehnen" gelöst. Beide Gruppen absolvieren bei dem Test 15 Wiederholungen ohne Pause aus der Neutral-0°-Position des Hüftgelenks. Der Test endet mit einer nochmaligen Erfassung der maximalen Dehnung. Die Messung des Winkels erfolgt über einen digitalen Drehimpulsgeber (Marschall, 1999, S. 7). |
| Ergebnisse und Schlussfolgerungen | Beide ausgewählten Intensitätsstufen erzielen kurzfristig zu einer signifikanten Verbesserung der maximalen Bewegungsreichweite. Wobei |

<table>
<tr><td></td><td>die Differenz der maximalen Dehnungsreichweite zwischen Vor- und Nachtest im Durchschnitt bei der maximalen Dehnung 7,24 ± 4,19° und bei dem „Weichen" Dehnen 3,29 ± 4,53° beträgt. Die Bewegungsreichweite bei der maximalen Dehnung verändert sich deutlich mehr ins positive als die „Weiche" Dehnung (Marschall, 1999, S. 7).</td></tr>
</table>

Überträgt man diese Studie in die Praxis, so lässt sich daraus schließen, dass die maximale Dehnung die optimale Intensitätsstufe ist, sofern als Trainingsziel eine Verbesserung der maximalen Bewegungsreichweite vorgesehen ist.

Tab. 20: Effekte des Dehnens auf die Bewegungsreichweite bzw. auf die Dehnungsspannung – Studie 2

| Titel | Bewegungsreichweite, Zugkraft und Muskelaktivität bei eigen-bzw. fremdregulierter Dehnung |
|---|---|
| Autor(en) der Studie | Glück, S., Schwarz, M., Hoffmann, U., & Wydra, G. |
| Jahr | 2002 |
| Versuchspersonen | Die Probanden bestanden aus 27 Sportstudenten (16 männlich, 11 weiblich) im Alter von 24,8 ± 1,7 Jahren, einer Körpergröße von 175,6 ± 7,7 Zentimeter, sowie einem Körpergewicht von 67,6 ± 9,6 Kilogramm und ohne die Fähigkeit einer überdurchschnittlichen Beweglichkeit durch Turnen, Akrobatik oder ähnliches (Glück, Schwarz, Hoffmann & Wydra, 2002, S. 68). |
| Versuchsaufbau | Zur Überprüfung der Dehnfähigkeit der ischiocruralen Muskeln wurden die Probanden zufällig in drei Gruppen eingeteilt, welche drei standardisierte Testformen in zufälliger Reihenfolge durchführen. Zur Eingewöhnung fanden in einer Woche drei Termine statt, in denen die Probanden sich mit der Apparatur, den drei Dehnungsformen (direkte und indirekte Eigendehnung und indirekte Fremddehnung) und der maximalen Dehnposition bekannt machen sollten. Anschließend hatten die Probanden eine Woche Pause und ab der dritten Woche begann das eigentliche dreiwöchige Testprogramm. In jeder Woche wurde ein Test durchgeführt. Test 1: Direkte Eigendehnung (DE) durch selbstständiges Dehnen über einen Seilzug, Test 2: Indirekte Eigendehnung (IE) durch selbstständiges Bedienen eines Motors und Test 3: Indirekte Fremddehnung (IF) durch den Testleiter. Erfasst werden die Parameter maximale Bewegungsreichweite (BRmax), Zugkraft (ZK) bei konstantem Winkel der jeweils ersten BRmax und maximal tolerierte Zugkraft (ZKmax) und Muskelaktivität des M. biceps femoris (%iEMGbiz) (Glück, Schwarz, Hoffmann & Wydra, 2002, S. 68). |
| Ergebnisse und Schlussfolgerungen | Im Durchschnitt lag die maximale Bewegungsreichweite bei direkter Eigendehnung um 5% höher als bei indirekter Eigen- und Fremddehnung. Zwischen den anderen Parametern konnte kein signifikanter Unterschied nachgewiesen werden. Bei direkter Eigendehnung lag die maximale Bewegungsreichweite hochsignifikant höher als bei den indirekten Dehnungsformen (Glück, Schwarz, Hoffmann & Wydra, 2002, S. 69). |

Überträgt man diese Studie in die Praxis, so lässt sich daraus schließen, dass eine direkte Eigendehnung als Dehnungsform optimal ist, sofern als Trainingsziel eine Verbesserung der maximalen Bewegungsreichweite vorgesehen ist.

# 6    Literaturverzeichnis

Chwilkowski, C. (2006). Medizinisches Koordinationstraining. *Verbesserung der Haltungs- und Bewegungskoordination durch Propriozeption* (2. Aufl.). Köln: Deutscher Trainer-Verlag.

Glück, S., Schwarz, M., Hoffmann, U., & Wydra, G. (2002). Bewegungsreichweite, Zugkraft und Muskelaktivität bei eigen-bzw. fremdregulierter Dehnung. *Deutsche Zeitschrift für Sportmedizin, 53*(3), 66-71. http://www.zeitschrift-sportmedizin.de/fileadmin/content/archiv2002/heft03/a01_0302.pdf Letzter Zugriff am 07.10.2017

Häfelinger, U., & Schuba, V. (2007). *Koordinationstherapie - propriozeptives Training* (3. Aufl.). Aachen: Meyer & Meyer.

Marschall, F. (1999). Wie beeinflussen unterschiedliche Dehnintensitäten kurzfristig die Veränderung der Bewegungsreichweite. *Deutsche Zeitschrift für Sportmedizin, 50*(1), 5-9.
https://www.researchgate.net/profile/Franz_Marschall2/publication/228118165_Wie_beeinflussen_unterschiedliche_Dehnintensitaten_kurzfristig_die_Veranderung_der_Bewegungsreichweite/links/54ef30590cf25f74d721b6ee.pdf Letzter Zugriff am 27.09.2017

http://www.n-tv.de/wissen/frageantwort/Sollte-man-sich-vor-dem-Training-dehnen-article19819216.html Letzter Zugriff am 14.09.2017

Sampel, K., Stolz, V., & Zisch, B. (2007). Dehnübungen. http://bu-do.com/wp-content/uploads/2015/03/Dehnen2.pdf Letzter Zugriff am 14.09.2017

# 7 Tabellenverzeichnis

Tab. 20:    Effekte des Dehnens auf die Bewegungsreichweite bzw. auf die
            Dehnungsspannung – Studie 2

# BEI GRIN MACHT SICH IHR WISSEN BEZAHLT

- Wir veröffentlichen Ihre Hausarbeit, Bachelor- und Masterarbeit

- Ihr eigenes eBook und Buch - weltweit in allen wichtigen Shops

- Verdienen Sie an jedem Verkauf

Jetzt bei www.GRIN.com hochladen und kostenlos publizieren